우리들 이야기
서로에게 빛

KB193068

우리들 이야기
서로에게 빛

3년간의 자기연구에 활용한 책과
아이엠 비너스(다큐영상), 수지에니어그램(자아탐구 프로그램)

자신을 연구해 보자
「렛츠 당사자연구」

몸과 마음, 주변을 정화하기 위해 「청소력」

내 안에 생동하는 꼬마를 만나러 「우니히피리」

맛나게 적당히 먹자
「소식주의자」

복잡한 생각을 정리해야지
「호호야 그게 정말이야?」

지금 이대로 괜찮아
「HAPPY NOW 해피나우」

감사의 에너지와 연결하자
「감사노트」

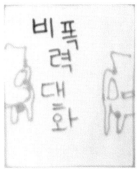

평화의 말로 사이좋게
「비폭력 대화」

미래의 나로 살아보기
「퓨처셀프」

성(性)을 향유하자
「아이엠 비너스」

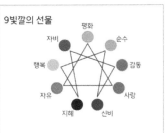

지구별에 왜 왔을까?
「수지에니어그램」

〈우리들 이야기_서로에게 빛〉은
2021년 10월부터 2024년 12월까지 매주 만나
지지고 볶고 싸우고 삐지고 등 돌리고 떠났다가
다시 돌아와
서로에게 빛을 비추게 된 이야기이다.

3년의 자기연구 기간 중 가장 비중있게 진행한 〈비폭력대화〉는
자신과 상대방의 느낌과 욕구에 의식의 빛을 비추는 '대화방법'이다.
일터에서 갈등이 생겼을 때, 어떻게 자신의 마음을 잘 표현할 수 있을
까? 고민하면서 비폭력대화법을 선택했다.

비폭력대화의 기본 프로세스는 관찰-느낌-욕구-부탁으로 구성된다.
관찰은 평가 없이 보고 들은 그대로를 서술하는 것이고,
느낌은 욕구가 충족되었을 때와 그렇지 못한 때를 알려주는 신호이다.
욕구는 모든 사람에게 보편적이고,
지구별에서 살아가는 동안 꼭 필요하고 소중한 것이다.
부탁은 삶을 풍요롭게 하기 위해 서로에게 요청하는 것인데, 부탁을
받은 사람은 상대방의 행복에 기여할 선물을 받은 것으로 여긴다.

비폭력대화를 '기린말'이라고도 한다.
기린은 육상동물 중 심장이 가장 커서(11킬로그램) 가슴으로
'연결하는 대화'를 상징한다.

키가 커서 멀리 볼 수 있으니
지금 뱉어서 갈등을 만드는 말을 참을 수 있다.
그리고 기린의 침에는 가시를 녹이는 성분이 있어서,
상대방의 가시 돋힌 말을 부드럽게 녹일 수 있다.

기린말은 일터에서 평화롭게 지내고,
배려하는 문화를 만드는데 기여했다.
일터에서 싸움이 90%가 줄었다며
일터의 샘들이 식구들의 변화를 기뻐하신다.

"식구들이 말을 이쁘게 한다,
 성격이 활발해졌다.
 자신감이 생기고 말이 많아졌다,
 전에는 말로 시비를 걸었는데 안 그런다.
 안 싸우고 서로 돕는다.
 수첩에 배운 걸 적어놓고 실천하려고 애쓰는 모습이 존경스럽다."

차례

기린말로 연결하기

자기연구 함께 했던 일터 식구들

기린말로 연결하기

국화 꽃이 좋다

국화

언어장애로 말이 안 나오고, 수어를 못 배웠고, 한글도 몰라서 스스로 많이 힘들어했다. 자기연구 할 때 한글을 읽고 쓰지 못했는데, 1년이 지나면서 저널을 쓰기 시작했다. 한번 물고가 트이니 일주일에 몇 편을 써오고 그림도 자주 그렸다. 한글을 비폭력대화로 배우니 짓는 글마다 아름다운 시였다. 그림그리기를 즐기고 솜씨가 좋아 우리 모두를 그려주었다.

〈소통 어려움〉

1) 관찰 : 내가 말을 못해서 소통이 어렵다.

2) 느낌 : 화나고 짜증나고 답답하다.

3) 욕구 : 자기표현, 소통, 존중이 필요하다.

4) 부탁 : 동료들에게) 내가 못 알아들었을 때 수첩에 적어 주세요.

〈브레드 이발소 설렙인 베이커리타운〉

1) 관찰 : 〈브레드 이발소 셀럽인 베이커리타운〉 영화를 보았습니다.

2) 느낌 : 힘든 것을 이겨내는 것에 대해 좋았습니다.

3) 욕구 : 배려, 즐거움, 무서운, 섬뜩한, 불안한, 괴로운, 서운한, 우울한, 긴장되는.

4) 부탁 : 비슷한 영화를 자주 보자고 이야기하고 싶습니다.

〈래비스쿨2 부활절 대소동〉

1) 관찰 : 〈래비스쿨2 부활절 대소동〉을 보았습니다. 토끼들이 부활절을 위해 계란에 그림을 그리고 있었습니다.

2) 느낌 : 토끼들이 부활절을 지키기 위해 열심히 싸운 것이 멋졌습니다.

3) 욕구 : 감사한, 즐거운, 행복한, 산뜻한, 개운한, 평화로운, 긴장이 풀리는, 고요한, 편안한.

4) 부탁 : 부활절에는 계란을 먹자고 할 것입니다.

〈스파이 패밀리〉

1) 관찰 : 〈스파이 페밀리〉 영화를 보았습니다. 메레메레 레시피를 구하러 다른 지역으로 갔는데 딸이 납치되었습니다.

2) 느낌 : 딸을 구하기 위해 엄마 아빠가 악당들을 물리치는 것이 멋졌습니다.

3) 욕구 : 기쁜, 즐거운, 배려.

4) 부탁 : 가족이 행복했으면 좋겠습니다.

〈드림쏭3〉

1) 관찰 : 〈드림쏭 3〉을 보았습니다. 강아지와 염소들이 춤을 잘 췄습니다.

2) 느낌 : 강아지 염소 늑대들이 서로 싸우는 것이 슬펐습니다. 음악을 통해 서로 화해하는 모습이 기뻤습니다.

3) 욕구 : 도전, 발견, 꿈. 노래를 불러보고 싶습니다.

4) 부탁 : 노래를 부르는 방법을 알려달라고 부탁해 보겠습니다.

〈기린그리기〉

1) 관찰 : 동물 색칠하기 책을 보았습니다.

2) 느낌 : 그중에서 기린을 보았는데 이쁘고 귀여웠습니다.

3) 욕구 : 귀여움, 즐거움, 행복.

4) 부탁 : 동물원을 같이 가자고 부탁했습니다.

〈푸바오 할부지〉

1) 관찰 : 〈푸바오와 할부지〉를 보았는데 푸바오가 대나무를 먹고 있었습니다.

2) 느낌 : 푸바오가 대나무를 먹는 것이 귀여웠습니다.

3) 욕구 : 즐거움, 재미, 아름다운, 여유.

4) 부탁 : 푸바오 인형을 사달라고 할 것입니다.

〈아들과 딸〉

1) 관찰 : 무심천에 아들과 딸이랑 같이 벚꽃과 목련을 구경했습니다.

2) 느낌 : 벚꽃은 아름다웠고, 목련은 우아했습니다.

3) 욕구 : 두근거리는, 행복한, 벅찬.

4) 부탁 : 꽃구경을 자주 가자고 부탁하고 싶습니다.

〈일터 팀장님〉

1) 관찰 : 팀장님이 두부, 도토리부추무침, 김, 간장, 된장, 시래기를 만들어 주셨습니다.

2) 느낌 : 음식이 맛있고 든든했습니다.

3) 욕구 : 감사한, 푸근한, 든든한, 평화로운, 평온한, 고요한, 느긋한.

4) 부탁 : 아침에 운동 같이하자고 부탁하고 싶습니다.

〈장애여성들의 연대〉

1) 관찰 : 장애가 있는 여성들의 행사에 참석해 여러 가지를 관찰했습니다. 즐거운 표정의 사람들을 봤습니다.

2) 느낌 : 끈끈한, 소속감을 느낄 수 있었습니다. 흥겨운 분위기를 느꼈고, 행복하고, 신나는 기분이었습니다.

3) 욕구 : 행복한 감정이 오래갔으면 합니다. 평화롭고 배움이 가득한 느낌을 간직하고 싶습니다.

4) 부탁 : 앞으로도 열심히 살아가고 싶습니다.

비폭력 대화 3년 소감문

공부를 하면서 친구들을 사랑할 줄
알게 됐고 배려하고 아끼는
마음을 알게 됐습니다
글을 쓰는 방법을 알아 가고 있고
말을 이쁘게 표현하는 방법을 배워
가고 있습니다

행복한 3년이었습니다
앞으로도 행복하게
열심히 대화 하겠습니다.

치타는 나와 닮았다

치타

치타는 자기연구를 통해 가장 많이 변했다. 일터에서 '트러블 메이커'라는 딱지가 붙었었는데 점점 부드러워지더니 지금은 화합과 조화의 롤모델이 되었다. 자기연구 기간 중 청각장애를 등록하고, 신앙을 갖고, 파트너를 만나 결혼하는 큰 변화가 있었다. 그 과정에서 배운 것을 생활에 적용했고 스스로 자신을 돌보는 대화법을 터득했다.

〈남편에 대한 실수〉

1) 관찰 : 목사님 앞에서 '남편이 모아 놓은 돈이 없고 차는 똥차'라고 말했다. 남편이 자신을 무능한 사람으로 볼꺼 아니냐며 화내고 이혼하자고 했다.

2) 느낌 : 진땀나고 걱정되었다.

3) 욕구 : 보호 (돈 관련 된 것은 사생활인데 보호하고 싶었다).

4) 부탁 : 관찰-느낌-요구를 차례로 말하고 남편에게 사과할 것이라고 노트에 적었다.

〈시엄마와 갈등〉

1) 관찰 : 시엄마가 가끔씩 도와준다. 이불 빨래와 설거지를 다 하셨다. (신혼살림 중)

2) 느낌 : 당황스럽고 혼란스럽고 피곤하다.

3) 욕구 : 존재감, 이해, 편안함.

4) 부탁 : 어머님, 도와주신 거 감사한데 당황했고, 혼란스럽고, 피곤해요. 며느리 생각하고 편안하게 놓았으면 좋겠어요. 도와주시니 존재한테 부담스러워요. 이해해주세요.

〈축의금 돌려줘〉

1) 관찰 : 일터에 있다 나간 친구가 결혼 축의금 낸 거 10만원을 뺄으라고 문자를 보냈다.

2) 느낌 : 어이없다, 불편하다, 피곤하다.

3) 욕구 : 주관을 가짐, 편안함, 예측가능성.

4) 부탁 : 친구에게) 가만히 있는 나를 건들지 않으면 좋겠다.

나에게) 앞으로 공격할 때 마음 흔들리지 말자.

〈일터에서 갈등〉

1) 관찰 : 일터에 오자마자 사람들이 나에게 '오늘 설거지 누구야?' 묻는다.

2) 느낌 : 화나고 승질이 난다.

3) 욕구 : 존중받고 싶고 편안하고 싶다.

4) 상대방의 욕구 찾아보기 : 나와 친밀감을 느끼고 싶고, 확실히 알고 싶고 (큰토끼는 글씨를 모르니 설거지 담당표를 볼 수 없다). 내가 말하는 것은 신뢰할 수 있다.

〈소감〉 상대방의 욕구를 추측해서 알고 나면 이해의 폭이 넓어진다는 것을 알게 되었다.

〈자기공감〉

1. 과거의 후회스러운 자신의 말과 행동을 떠올림

   사람들에게 거칠게, 부정적으로 말했다.

   1) 오피에게 "야! 너"라고 했고.

   2) 개나리에게 "씨발 싸가지 개같은 년 좆같은 년"이라고 욕했다.

2. 그 행동을 할 때의 느낌

   1) 오피에게 : 괴로운 느낌

   2) 개나리에게 : 불편한 느낌

3. 2번의 느낌 아래에 숨겨진 욕구

   1) 오피에게 : 인정

   2) 개나리에게 : 존중, 공감, 수용, 예측가능성

4. 앞으로 3번의 욕구(인정, 존중, 공감, 수용, 예측가능성)를 잘 충족하기 위한 부탁을 자신에게 하기

   1) 오피에게) 치타야. 앞으로는 이름을 부르자.

2) 개나리에게) 치타야(앞으로 존중받고 싶을 때) 나는 니가 귀찮게 안 했으면 좋겠고 용건 있으면 말로 하면 좋겠어. 라고 말한다.

〈소감〉 작년부터 마음을 고쳤다. 욕을 안하도록. (욕을) 줄여서 하고 있다.

〈자신과의 대화〉

1) 관찰 : 내 자신과 대화한다. 치타야, 기분이 안좋니? 영화볼까?

2) 느낌 : 신비하고, 기운이 나고, 당당하고, 살아있는 느낌이고, 생기있고, 힘이 솟고, 행복하다.

3) 욕구 : 자신과 공감. 위안. 정서적 안정.

4) 부탁 : 나에게) 앞으로도 그렇게 해줘~

〈자신과 대화 2〉

1) 관찰 : 자신과 대화를 한다. "피곤한데 컴퓨터 하지 말고 자자." "응 알았어" 등등

2) 느낌 : 고요, 정겨운, 흡족한, 감사한, 친밀한, 친근한. 상쾌한, 뿌듯한, 개운한, 산뜻한.

3) 욕구 : 도전, 수용, 이해, 도움(편안함)

4) 부탁 : 치타야, 이렇게 이야기하니까 넘 좋고 소통되고 앞으로도 계속 대화하면 좋겠다.

〈자신과 대화 3〉

1) 관찰 : 핸드폰 보거나 책을 보거나 11시 되면 "치타야 피곤하니까 얼렁 자~"하면 내 속의 내가 "알았어~" 한다.

2) 느낌 : 감사하고, 신비하고, 평온하고, 즐겁고, 여유롭고, 충만하고, 시

원하다.

3) 욕구 : 깨달음, 주관을 가짐, 자기보호, 성장, 즐거움, 관심.

4) 부탁 : 치타야, 앞으로도 쭉 나이들때까지 대화를 계속해주면 좋겠어.

〈자신과 대화 4〉

1) 관찰 : 5월 2일 교통사고가 났다. 내 속의 내가 "나 놀랐어. 아파. 병원에 가야되~"라고 했다.

2) 느낌 : 사고가 나서 무서웠고 놀랐다. 병원에 가서 많이 안 다친 거 알고 안심이 되고 신기했다.

3) 욕구 : 안전, 안심.

4) 부탁 : 다음에 약속을 할 때는 여유있게 잡자.

〈택시기사님〉

1) 관찰 : 택시를 탔는데 운전기사가 중국사람이예요? 국적이 어디예요? 라고 물었다.

2) 자칼귀 안(내탓) 내 발음이 안 좋았나?

(이 생각 속에 있는 나의 욕구 : 희망, 표현)

자칼귀 밖(남탓) 니 귀가 어두운 거지! (상대방의 욕구 추측 : 소통)

3) 느낌 : 불편한, 걱정되는, 피곤한.

4) 욕구 : 안전, 존중, 연결.

5) 부탁 : 아저씨, 그렇게 말씀하시니까 서운해요. 저 한국사람이예요. 청각장애가 있어요.

〈소감〉 다음에는 그렇게 말할 수 있겠다.

"여기로 보세요, 리산 선생님" 2024. 12. 12. 목. 맑음.

3년동안 프로그램을 쭉 같게 개주셔서 감사하며, 삶으로 지내고 있습니다. ~~
제가 가장 기억에 남는 것은, 청소력과 정제력이고, 해피나우 지금 행복한것,
베러데이 긴 럭츠! 당사자연구, 효와. 그게 정말이니 듬듬 됩니다.
당사자연구 책을 한명식 돌아가며 읽고, 독후감 쓰기를 해서 기분이 좋지요
하고, 뿌듯했어요. 화가 나면 무너진다고 생각을 했습니다. 화나더라도
지혜롭게 대답을 할 줄 알아야 한다는 것을 배웠어요 ♡ 당사자연구가
제일 좋았고, 도움이 되어서, 만족, 흡족, 기쁨이있었습니다.
행복은 누군가가 만들어주는게 내 자신이 만들어가라고, 배웠습니다.
6년전에 부정적인 생각을 많이 쌓았었는데, 부정적인 생각을 요즘에는
많이 줄이고, 긍정적인 생각을 많이 키우고 있어서 좋아졌습니다.
해피나우가 정말 나에게 도움이 되는책이구나 잘 샀다고 생각
했습니다. 3년전에 청소를 해서 단톡에 돌려서 설명하고, 기뻤어요.
청소력이 몰랐었는데, 리산에게 감사합니다. 그래서 리산에게 청소하는
하는법 배웠습니다. 마음에 먼지처럼 쌓이는거라고 했습니다.
먼지를 닦으려면 환기 시키고, 청소를 해도 마음이 비우는거라고 하셨습니다.
제가 예전에 마음이 외롭고, 허약하고, 힘들었었는데, 물건을 이것저것 사놓고,
쌓여서 먼지만 묻어있었습니다. 리산에게 물어보고, 실천을 시작했습니다.
물건을 줄이고, 돈도 아끼고, 절약되어 있었습니다. 물건 사는 것을 막고, 여행
을 많이 가라한다고. 가르쳐주었습니다 그래서 비상금을 모아서 여행을
가는 것도 나쁘지 않고, 힐링 되고, 스트레스 해소 되고, 도움이 크게되었
어요. 이것이 바로 정제력이구나! 깨달았습니다. 누군가 말해도 실천하지
않는 사람도 있는데, 스스로 고치기 힘들거라고 생각했습니다. 저는 실천을
노력을 해서 내 자신에게 칭찬해주었습니다. 제가 그 중에 제일 좋아한
것은 비폭력입니다. 비폭력 대답가 큰 도움이 되었고, 나쁜것을 긍정적
으로 키워주는 책이 정말 감사하며 삶을 이끌어가는 느낌이있습니다.
사람을 부지런히해야 운이 좋아진다고, 생각했었습니다. 나는 내가
사랑스럽고, 잘 났을 것 같다. 좋은 사람으로 태어나 감사하며
일터에서 잘 지내서 기뻤습니다. ~~
제가 적극적으로, 실천해보았는데, 상대방이 기분이 좋은 줄 몰랐습니다.
앞으로도 이렇게 실천해가가며 지내야겠다는 생각했습니다, 2펼
넘어갑니다 ~~

20 우리들 이야기_서로에게 빛

2024. 12. 12. 목. 맑음

기린말을 쓰기 힘들었는데, 연습을 기록만 해서 힘들게 아니라, 계속해서
연습을 해야 기린 말이 계속 나올 수 있다고 생각했습니다.
상대방과 씨우지 않고, 기린말을 써야 기분좋게 끝낼수 있다고
생각했습니다. 자칼말을 쓰게 되면 상대방과 싸울 수 있다고
생각했습니다. 앞으로는 계속 기린말을 써야겠다는 생각을 했습니다.
나는 언제나 배움을 다른 후배들에게 가르치고 싶은 마음이 있었다.
처음엔 참 즐거웠고, 슬펐고, 화났고, 힘들었지만, 여기까지
프로그램을 해다서 기쁜에게 정말 감사드립니다.
내년에도 또 새로운 것들 배우고 싶습니다♡

딸기는 맛있다. 그래서 딸기!

딸기

　일터 토박이로 25년을 보내며 소녀에서 중년의 여성이 되었다. 설거지와 청소, 내가 맡은 일을 다른 사람이 대신해 주는 것이 싫다, 엄마 아빠가 옷을 물어보지 않고 사주는 것도 거북하다, 낯선 사람 특히 남자는 두렵다. 주로 집과 일터를 오가는 편이라 갈등도 그곳에서 발생하는데, 가장 두려운 것은 엄마가 시설로 보내면 어쩌나 하는 것이다. 그래서 엄마와 사이좋게 지내는 기술을 익히는 중이다.

〈따라온 남자〉

1) 관찰 : 모르는 남자가 집까지 따라왔다. 등을 만졌다. 남친있냐? 몇 살이냐? 나랑 사귈래? 물었다.

2) 느낌 : 기분이 나빴다. (등을 만지면서 말을 해서)

3) 욕구 : 왜 따라와요? 안심하고 싶다.

4. 부탁 : 딸기야, 좋은 남자 만나자. (좋은 남자는 조용히 이야기하는 사람, 낯설지 않은 사람)

〈일터에서 설거지〉

1) 관찰 : 오피가 잔소리하고 일을 시켰다. 내가 할건데 자기가 할 것처럼 이야기했다. 내가 하지 않은 걸 했다고 말했다.

2) 느낌 : 서운하고 화났다.

3) 욕구 : 진실성(있는 그대로), 이해, 평화.

4) 부탁 : 각자 할 일은 각자 알아서 하면 좋겠어. 나는 솔직한 게 좋아. 나한테 솔직하게 말해주면 좋겠어.

〈일터에서 설거지 2〉

1) 관찰 : 내가 하려는 설거지를 누군가 뺏을 때,

2) 느낌 : 피곤한 느낌(딸기가 골라줌), 짜증나는(치타가 골라줌), 슬픈(오피가 골라줌), 서운한(양송화가 골라줌), 불편한(국화가 골라줌).

3) 욕구 : 예측가능성, 사랑, 우정, 존중(리산 골라줌), 인정(양송화 골라줌), 능력(오피 골라줌), 보람(국화 골라줌), 연결(치타 골라줌).

4) 부탁 : 그러니까 내가 설거지할 때 그냥 하게 둬 줘.

· 동료들이 골라준 느낌 중 서운한 느낌을 선택하고, 욕구 중에서 존중을 골랐다.

· 연결해서 말하는 연습,

내가 하려는 설거지를 대신하면 나는 피곤하고 서운한 느낌이 들어. 왜냐하면 나는 예측 가능한 것이 중요하고, 내가 설거지하는 것이 사랑과 우정을 나누는 것이고, 내 역할을 해서 존중받고 싶기 때문이야. 그러니까 내가 설거지를 할 때 그냥 하게 해주세요.

· 딸기는 설거지를 누가 대신해 주는 것을 '빼앗겼다'고 생각하고, '빼앗았다'고 표현을 했다. 그만큼의 강도로 서운했었나 보다. 딸기의 이야기를 듣는 모두가 놀랐다.

· 차이가 있을 수 있다는 것, 다른 사람의 욕구를 존중해 줘야 한다는 것에 대해 이야기 나누었다.

〈엄마와 갈등〉

1) 관찰 : 엄마가 시킨 일을 안 하려고 한다. (내가 게으름 피운다)

2) 느낌 : (자신에게) 화가 나고 서먹하고 곤혹스럽다.

3) 욕구 : 휴식, 자유, 재미.

4) 부탁 : 기꺼이 한다.

· 엄마의 부탁을 선물로 받는 방법에 대해 이야기 나누었다.

· 휴식과 자유 재미의 욕구를 충족하면서도 부탁을 들어줄 방법에 대해 고민해 보았다.

· 두 가지 욕구를 모두 충족시키면서 선택하는 것에 대해서는 연습이 더 필요하다.

〈아빠와 갈등〉

1) 관찰 : 아빠가 "엄마가 차려주는데 너는 안먹어?"라고 했다.

2) 느낌 : 속상하고 신경쓰이고 당황스럽다.

3) 욕구 : 자유, 자율성, 존중, 여유.

4) 부탁 : 아빠, 뭘 먹을지 내가 먹고 싶은 거 알아서 먹게 저의 선택을 존중해 주세요. (나는 라면이 먹고 싶었다)

〈소감〉 다른 언니들 속마음을 들어서 도움이 되고, 내 얘기를 많이 할 수 있어서 좋다.

〈엄마와 동생〉

1) 관찰 : 엄마가 동생과 통화하는데 엿들었는데 엄마가 "왜 끼어드냐?"고 했다.

2) 느낌 : 속상하고 불안하고 서운했다. 소외당한 거 같았다.

3) 욕구 : 예측가능성.

4) 부탁 : 엄마 동생하고 통화할 때 제가 오해 안 하게 얘기 좀 해 주실래요?

〈동생의 전화〉

1) 관찰 : 동생이 엄마한테만 전화하고 나한테는 하지 않는다.

2) 느낌 : 속상하고, 답답하고, 안타깝고, 외롭고, 서운하다.

3) 욕구 : 존중, 관심, 애정, 공감, 소속감.

4) 부탁 : 동생아, 전화로 나도 좀 챙겨주면 좋겠어.

〈옷 사건〉

1) 과거의 후회스러운 자신의 말과 행동을 떠올림
   엄마가 옷을 사왔는데 작다고 짜증을 냈다.

2) 그 행동을 할 때의 느낌

    부끄럽고, 짜증나고, 화난다.

3) 2번의 느낌(부끄럽고, 화나고, 짜증나는) 아래에 숨겨진 욕구

    자율성(자유), 예측가능성, 표현의 욕구.

4) 3번의 욕구(자율성, 자유, 예측가능성, 표현)의 욕구를 잘 충족하기 위

한 부탁을 엄마에게 하기.

    엄마에게) 딸기야~ 뭐 사줄까?라고 얘기해 주면 좋겠어요.

〈소감〉 엄마에게 잘 말할 수 있을 것 같다.

소감 비폭력 대화

고등3 저는 선생님 저한테 좋은 말
나쁜 말도 했는데 정말 감사해요
앞으로 더 열심히 할게요.
저는 정말 좋아어요
처음에는 어떻게 보지 했는데
궁대 대화 배우면 느끼점
마음이 편한해 져엇어요ㅎㅎ
슬픈 감정도 없어 젹고요^^
감사합니다~ 쭉 사랑해요

그리고
언니쪽 말을 들어주고 고맙고
저도 선생님도 감사해요
제 감정도 솔직하게 말할 수
있어요 내년에는 더 좋은말
할게요^^ 내년도에도 함 했으해요

2024년 12월16
배웠던 것도 다시 복습하게 되워
주세요~^

토끼가 좋다

큰토끼

언어장애가 있어 말을 알아듣기 어렵고, 한글을 쓰지 못하지만 비폭력대화 수업을 좋아해서 어쩌다 요일을 바꾸면 불같이 화를 냈다. 사정이 있어 다른 요일로 바꿔야 할 때 길게 길게 설명하고 허락을 구해야 했다.

시골에서 동네 어른들 농사일 거들고 폭력과 구박을 받고 오래 살았다. 장애가 없는 언니들은 떠났고, 장애가 있는 오빠는 시설에 있어 만날 수 없다. 큰 토끼에게 일터는 집이고 고향이고 학교이고 놀이터이다.

〈화장실 청소〉

1) 하기 싫은데 계속해야만 하는 일 : 일터 화장실 청소.

2) 그 일을 하면서 충족되는 욕구: 협력, 소속감, 보람(깨끗함).

느낌 : 기쁘다, 안심된다, 뿌듯하다.

3) 그 일을 하면서 충족되지 않는 욕구 : 휴식, 편안함.

〈국화와 갈등〉

1) 관찰 : 일터에서 내가 밖에 있는데 국화가 문을 닫았다.

2) 느낌 : 속상했고, 화나고, 짜증나고, 당황스럽고, 서러웠다.

3) 욕구 : 소속감, 배려, 존중, 인정.

4) 부탁 : 내가 보이면 문 열어줘요!

· 큰토끼가 글을 쓸 수 없고, 말을 해도 금방 알아듣기가 어려우니, 누군가 빨리 알아듣는 사람이 국화에게 전달하기로 했다. 국화와 큰토끼 둘 사이 갈등이 가장 심하다.

〈활동지원사 선생님〉

1) 관찰 : 활보쌤이 병원에 못 가게 했다. 활보쌤 뺨을 때렸다.

2) 느낌 : 기분 나쁘고, 속상하고, 불안하고, 걱정되고, 까마득하고, 화나고, 긴장된다, 미안하고, 힘들고, 기분 안 좋고, 불편하다.

3) 욕구 : 편안함, 자기돌봄, 소통과 연결, 공감, 존중, 배려, 자기표현.

4) 부탁 : 나에게) 담부터는 때리지 말고 같이 병원 가달라고 하자.

활보쌤에게) 병원에 같이 가 주세요~

〈언어치료 샘〉

1) 관찰 : 언어치료 선생님이 예식장 앞에 안 내려줘서 사고가 나서 눈이 멍들었다.

2) 느낌 : 놀라고, 무섭고, 불안하고, 당황스러웠다.

3) 욕구 : 안전, 즐거움(구경을 잘하고 싶다)

4) 부탁 : 다음에는 저를 안전하게 내릴 수 있게 약속해 주실래요?

〈모르는 여자〉

1) 관찰 : 어떤 모르는 여자가 현관문을 두드린다.

2) 느낌 : 기분이 나쁘고 답답하고 불안하고 걱정이 된다.

3) 욕구 : 편안하고, 조용하고 싶다.

4) 부탁 : 아줌마, 문 두드리면 나 힘들어요, 조용히 가 주세요!!

〈성당 아줌마〉

1) 관찰 : 성당에 갔는데 어떤 아줌마가 가만히 있는데 시비를 걸고, 물 마시고 싶은데 물을 못 먹게 했다.

2) 느낌 : 기분이 나쁘고, 속상해서 울었다.

3) 욕구 : 존중과 이해.

4) 부탁 : 아줌마, 물 못 먹게 해서 속상했어요.

· 성당에 물을 담아 가라고 물통을 사주었는데 하루 만에 잃어버렸다.

〈놀러가서 생긴 일〉

1) 관찰 : 놀러 갔는데 모르는 사람이 나를 때렸다.

2) 느낌 : 기분이 나쁘다, 까마득하다, 진땀난다, 무섭다, 긴장된다, 놀랐다.

3) 욕구 : 도움, 자기보호, 정서적 안정, 배려.

4) 부탁 : 나에게) 작은 일은 샘들하고 해결하고, 경찰서 전화는 꼭 필요할 때만 하자.

· 경찰서에 자주 신고를 해서 경찰이 큰토끼의 말을 신뢰하지 않는 일이 벌어졌다.

〈복지관〉

1) 관찰 : 장애인복지관에서 목요일에 오라고 했다. (일터에서 비폭력대화 수업해야 하는데)

2) 느낌 : 짜증이 나고, 화가 난다.

3) 욕구 : 편안함, 푹 쉬고 싶음.

4) 감사 : 도우미 샘이 복지관에 이야기해 주셨다. 내일 만나면 고맙다고 말할 거다.

· 비폭력대화를 좋아했던 큰토끼는, 후견인이 다른 곳도 경험을 해보라고 일터를 당분간 끊었다. 국화는 좋아하고 리산은 아쉽다.

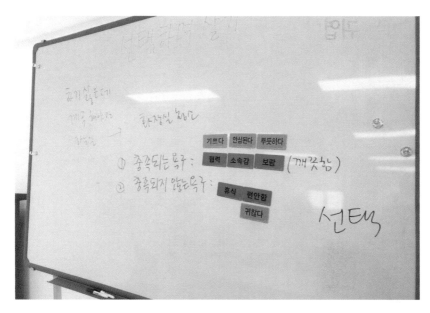

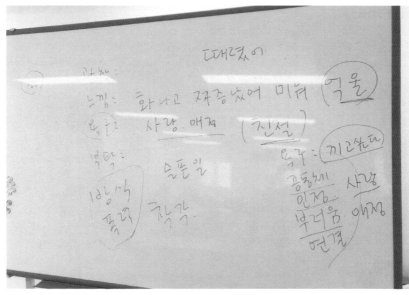

매미는 귀엽다

매미

매미는 앎에 대한 욕구가 강하다. 지적인 단어를 좋아하고, 비폭력대화로 마음을 살펴주는 것을 즐긴다. 특히 서로 공감해 주는 것에 큰 위로를 받고 그 시간을 가장 기대한다. 고등학교 시절 친구들과 불편했던 일, 그것으로 병원에 강제입원 되었던 경험을 성장의 거름으로 만들어가는 중이다. 비폭력대화가 자신에게 도움이 된 만큼 다른 사람들에게도 알려주고 싶어 한다.

〈과거의 친구들〉

1) 관찰 : 공부, 대학, 직업 가져야 하는 이유를 몰랐다. 친구들이 알려주지 않았다.

2) 느낌 : 서운하고, 화나고, 한스럽다. 낙담, 고독하고 외롭다.

3) 욕구 : 친밀함, 우정, 예측가능성, 관심.

4) 부탁 : 잘 모르는 거 지금이라도 친밀하게 관심 가져 줄 수 있니?

〈친구가 필요하다〉

1) 관찰: 친구가 없었다.

2) 느낌: 슬프다, 소심해 진다, 외롭다.

3) 욕구: 유대감, 존중, 우정, 치유, 정서적 안정, 편안함.

4) 부탁: 애들아 내가 친구 사귀고 싶은데 친구가 되어줄 수 있니?

〈원치 않은 입원〉

1) 관찰 : 내가 병원에 갔을 때 퇴원신청을 의사가 지켜보자 했는데 부모님이 퇴원하는 걸 못 이해하셨다.

2) 느낌 : 진땀나고, 갑갑하고, 걱정되고, 무섭고, 쓸쓸하다.

3) 욕구 : 진심, 공감, 운이 따라주길, 영적교감.

4) 부탁 : 공경하는 부모님, 그날 남들이 이해하기 힘든 행동을 해서 입원하게 충격이고 답답했어요. 의사에게 퇴원요청하고 나를 믿어주면 좋겠어요.

〈아빠〉

1) 화가 났던 때를 떠올리고 누가 어떤 말이나 행동을 했는지 관찰의 형태

로 쓰기.

아빠가 나에게 자식인데 숙이지 않는다고 화를 냈다.

2) 위의 상황에서 상대에 대한 나의 비난의 자칼 메시지를 써본다.

아빠는 마땅히 나를 편안하게 해줘야 한다.

아빠는 마땅히 왜곡된 시선으로 나를 보지 말아야 한다.

아빠는 마땅히 할아버지에게 혼이 나야한다.

3) 자칼의 메시지들을 하나씩 아래의 문장에 넣어 천천히 읽어본다.

나는 자신에게 _____라고 이야기하고 있구나.

· 아빠에 대한 윤지씨의 생각은 자존심이 쎄고 고집쎄고 융통성이 없고 최고여야 한다고 가오를 잡는다. (이것들이 모두 판단이라는 것을 알려주었다).

4) 2의 비판적인 생각들 뒤에 있는 욕구를 찾아본다.

욕구: 정서적 안정, 평화, 화합, 사랑, 자유.

5) 욕구명상 : 욕구를 인식하고 그 욕구의 아름다운 에너지(신성한 사랑)와 연결한다.

(잠시 욕구명상을 하고 난 후) 느낌이 따뜻하다.

6) 욕구를 유지하면서 1의 상황을 다시 본다. 그 상황에서 4의 욕구가 충족되지 않았다는 것을 떠올리면 어떤 느낌이 일어나는지 본다.

아빠가 좀 애처롭다.

7) 그리고 나서 부탁

아빠가 숙이지 않는다고 화를 내면 자유롭지 못하고 답답해요. 그러니까 천천히 대화를 하면 좋겠어요.

〈두려운 생각〉

1) 관찰 : 강아지와 산책 다녀와 안 씻은 발로 다닌 거실을 밟은 엄마의 발

을 맛사지 해줬다. 맛사지를 해주고 나서 손가락 끝이 예민하게 느껴졌다.

2) 느낌 : 절망스럽다, 의구심, 무섭다, 신경쓰인다, 한스럽다, 후회된다.

3) 욕구 : 상담, 조언, 확신, 친구들과 소통, 자기챙김(자기 할 일).

4) 부탁 : 나에게) 매미야, 실행 전에 생각의 순서를 정하자. 다음에는 엄마 발 소독을 먼저 하자.

엄마에게) 엄마 발 맛사지 받고 싶으면 발 씻고 슬러퍼 신고 오세요.

〈소감〉혼자서 끙끙 앓지 않고 토론하면서 다 같이. 사람들과 대화하니까 좋고 귀중한 시간이었다. 모든 만사형통이다. 교회가는 거 대학에서 공부하는 것보다 여기서 배우는 게 도움을 받는다. 감사하다.

〈자신에 대한 두려움〉

1) 관찰 : (서른이 다 되어가는데) 연애도 못하고 정신질환자 취급받는다. 약을 많이 먹어 몸이 약해져 해외갈 때 입국심사가 안될까봐 두렵다.

2) 느낌 : 화나고 서글프고 비참하고 억울하고 진땀나고 무섭기도 하다.

3) 욕구 : 공감. 위로.

4) 부탁 : 일터 식구들에게 공감받고 싶어요.

-제가 두려워하는 거 병원에 강제로 입원해서 정신과 약 먹은 거 해소됐는데 비는 행위를 잘못해서 악한 영이 들어와서 심장이 약해지고 신체가 안 좋아져서 몸에 대한 자신이 없다.

· 일터식구들이 매미에게 공감을 해 줌.

·딸기 : 힘든 거 털어내면 좋겠다.

·치타 : 마음을 절제시키면 좋겠다. 마음 청소를 하면 좋겠다.

·큰토끼 : 하나님을 믿어.

· 장미 : 언니 별것 아니고 하느님이 소원 받아 줄 거야.

· 토끼 : 그 이야기를 계속하는 게 뭔가 있어서 그런가 본다. 많이 힘들었나보네. 위로해 주고 싶다.

〈소감〉 여러분에게 공감을 받고 마음이 좀 가벼워졌다. 혼자가 아니고 뻥 뚫린 느낌이다.

· 두려움에 대해 이야기 나눔

다루기 힘든 감정들과 친구가 되어보기로 했다.

분노, 죄책감, 수치심에 대해 이야기를 나누고 두려움이 주는 신호를 알아보았다.

두려움이 지나치면 사로잡히고 신경이 예민해지고 긴장되고 불안해진다.

두려움이 부족하면 들떠있고, 진정성이 부족하고 끄덕없다고 생각한다.

두려움이 필요할 때는 알지 못하는 길을 찾아야 할 때, 모험을 해야 할 때, 자신의 경계를 넘어서 성장햐야 할 때이다.

두려움에 대한 지혜를 나누고 두려움이 몰려올 때, 두려움 밑에 숨어 있는 욕구를 찾아내어 공감해 주기로 했다.

· 일터식구 모두는 매미가 과거를 훌훌 털고 홀가분하게 기쁘게 지낼 수 있기를 바란다!!

비폭력대화소감.

수업을 듣고 자기자신에게 집중하는 것이 어떨까
재밌고 바쁜일이고 공부하는것 외에다른것을
배웠습니다. 그래서 일기박자가 되겠고 자신을
자존보고 정신건강이 좋아집습니다 더많은
사랑이 기대하반을 바뀌으면 좋겠습니다
리신쌤과 어른과 행복했습니다 어려운 관계도
다방러럼 해결해주시는 선생님에 감사했습니다
리신쌤와 이프로그램은 안놓건 저의삼에 큰영향
왔니다

토끼처럼 살고 싶다

토끼

남편이 행방불명된 지 수년이 지났다. 혼자서라도 아들을 올바르게 키우고 싶은데 뜻대로 잘 안되서 화가 난다. 집에서나 일터에서 한번 가르쳐 주면 왜 못하지? 이해할 수 없어서 또 화가 난다. 우리들의 책이 나오면 행복할지도 모르겠다. '우리들의 만남 속에서 이루어진 책'이라 이름 짓고 기대하고 있다. 책임져야 할 일이 많아 화가 많은 토끼지만, 일터에 오면 미소로 맞이해주는 토끼가 있어 참 좋다!

〈집안일〉

1) 관찰 : 집안일 하는 거 하기 싫다.

2) 느낌 : 지치고, 짜증나고, 힘들고, 외롭고, 우울하다.

3) 욕구 : 자기보호, 배려, 위로, 이해, 공감, 에너지가 생기는 거.

4) 자기공감 : 나에게 좋은 선물을 해주자. 나를 격려하고 지지하자.

〈아들의 피부반점〉

1) 관찰 : 아들에게 피부반점이 생겼는데 얼굴까지 번졌다. 내 말을 안 듣고 약도 안 먹는다.

2) 느낌 : 걱정, 염려, 근심, 안타까움, 신경 쓰이고, 뒤숭숭, 낙담, 지친, 우울, 피곤, 불안, 당혹, 답답, 갑갑, 속상함, 무기력, 침울, 무력, 따분함, 무료함, 지겨운, 실망스러운, 좌절스러운, 힘든, 질린, 지루한, 멍한, 울화가 치미는, 짜증나는.

3) 욕구 : 안심, 아들의 성장(깨달음), 소통, 가르침(자기보호), 존중, 기여, 회복, 효능감.

4) 공감해 주기

　· 딸기 : 언니 정말 힘들겠다.

　· 큰토끼 : 교회 다니니까 기도를 해보면 어때?

〈소감〉 별 생각없이 있었는데 얘기하니까 마음이 자유로워졌다. 일이 해결되지 않았지만 편안해지고 위로가 되었다. 들어줘서 감사하다.

〈아들의 밤 외출〉

1) 관찰 : 아들이 밤에 몰래 나간다.

2) 느낌 : 걱정되고, 신경쓰이고, 조바심난다. 염려되고, 불안하고, 초초하다.

3) 욕구 : 휴식, 보호, 소통, 관심, 정서적 안정, 자기보호, 편안함, 소속감.

4) 부탁 : 아들~ 나가면 나간다고 말해 주고, 늦으면 전화해주고, 들어오면 엄마랑 대화도 좀 해주면 좋겠어.

〈소감〉 얘기하니까 속이 시원해요. 같이 걱정해주시니까. 앞으로 어떻게 해야겠다는 대책이 있어서 집에 가서 아들과 이야기해 봐야겠다.

〈강아지 가슴의 혹〉

1) 관찰 : 강아지 가슴에 혹이 생겼다. 어제 발견했다.

2) 느낌 : 걱정되고, 근심스럽고, 신경쓰이고, 슬프고, 당황스럽고, 뒤숭숭하고, 골치아프다.

3) 욕구 : 돌봄, 애정, 관심, 친밀감, 사랑, 배려(전문성), 소통, 공동체, 유대.

4) 부탁 : 나에게) 어제보다 오늘 더 나아지자!!

〈소감〉 갑자기 강아지가 떠올라서 말했는데 재밌고 새로웠다. 내가 그런 감정이 있었구나! 그런 생각을 갖고 있었구나! 속에서 뭔가 꿈틀댄다. 그래서 잘 관리해주고 살펴봐 줘야겠구나! 나쁘지 않고 좋다. 새로운 걸 발견해서 마음이 새로워지고 기쁘다. 걱정은 아직 있지만, 생각해주셔서 감사하다. 절망으로 안가고 좋은 쪽으로 얘기하니까 긍정적인 마인드가 된 거 같다.

· 개나리가 강아지 산책을 안 시킨다고 비난한 것에 대해, 강아지와 주인의 관계는 집집마다 독특하니 존중해 줘야 한다고 이야기 나눈 것이 위로가 되었나 보다.

〈강아지 돌보기〉

1) 관찰 : 내가 강아지 밥을 안주고 똥을 안 치운다.

2) 느낌 : 찜찜하고, 신경쓰이고, 망막하고, 조바심나고, 불안하고, 귀찮고, 맥빠지고, 피곤하다.

3) 욕구 : 돌봄, 스킨십, 운동, 따뜻함, 자유로운 움직임, 소통, 공감, 휴식.

4) 부탁 : 내가 나를 잘 챙겨주면 좋겠어. (돈이 더 필요해)

〈강아지와 이별〉

1) 관찰 : 강아지(아롱이)를 보냈다.

2) 느낌 : 외롭다. 슬프다. 허전하다. 심심하다.

3) 욕구 : 즐거움. 재미. 존재감. 연결.

4) 공감 : 일터식구들 모두 슬픔과 허전함, 외로움과 심심함, 존재감을 느끼고, 재미있게 연결되고 싶은 욕구에 공감해 주었다.

〈소감〉 재미있다. 이 사람 저 사람 말을 들으니까 몰랐던 사실을 알게 돼서 나랑 또 틀린 상황이니까 이해를 하고 공감하게 되고 받아서 기뻤다.

〈내 마음〉

1) 관찰 : 내 마음이 우울할 때. (애칭 : 폭탄)

2) 느낌 : 다 꼴보기 싫고, 무섭고 겁나고 불안하고...힘들고 지치고...무기력 (모든 감정 다!!)

3) 욕구 : 편안함, 자유, 휴식, 따뜻함, 즐거움, 재미, 소통, 연결, 존중, 배려, 공감.

4) 부탁 : 참자, 화를 내지 말자 대신 나를 먼저 토닥토닥해 주기로 했다.

〈소감〉 속에 있는 말을 하니까 마음이 시원해졌다. 얘기하는 게 더 시원한 것 같다.

〈일터에서 갈등이 있을 때〉
1) 관찰 : 일터에서 이야기하다가 의견 충돌이 있을 때.
2) 느낌 : 불편하고, 불안하고, 신경쓰인다. 긴장되고, 갑갑하고, 답답하고, 짜증나고, 화나고, 열받고, 맥빠지고, 우울하고, 섭섭하고, 서운하고, 주눅들고, 당황스럽고, 신경쓰이고, 겁나고, 걱정되고, 염려된다.
3) 욕구 : 존중, 소통, 유대, 기여, 공감, 연결, 배려, 협력, 도움, 감사, 인정, 지지, 애정, 관심, 공동체, 소속감, 일관성(예측가능성), 신뢰, 안정성, 자기보호, 편안함.
4) 부탁(구체적이고 긍정적으로) : 일터 식구들에게) 우리 말하다가 충돌이 생기면 나는 불안하고 불편하고 신경이 쓰여. 나는 서로 존중하고, 배려하고, 일터 공동체가 중요하기 때문에. 그러니까 우리 기린말로 해볼까?

〈후회〉
1) 관찰 : 캘리그라피, 복식호흡, 요가, 댄스, 다이어트를 하지 않았다.
2) 느낌 : 아쉬움.
3) 욕구 : 성장의 욕구와 실천.
4) 공감 : 일터식구들이 모두 돌아가며 공감해 주었다.
〈소감〉 얘기를 허심탄회하게 해서 시원했다.

- **퓨처셀프에 대해 이야기 나눔.**
미래의 나와 연결되는 수준이 현재의 삶과 행동 수준을 결정한다.
미래의 나와 더 깊이 연결되면 지금 더 현명한 결정을 내릴 수 있다

미래의 내가 어떤 모습일지 상상해 보면, 자기 파괴적인 행동을 할 가능성이 줄어든다.
눈앞의 쾌락만 추구하면 미래의 나는 결국 큰 댓가를 치룰수 밖에 없다.
지금 미래의 내가 되라.
퓨처셀프의 중요한 메시지들을 다시한번 확인하고, 미래의 나를 위협하는 요인에 대한 지혜를 나누었다.
위협 1 : 미래에 대한 희망이 없다면 현재는 의미를 잃는다.
위협 2 : 과거에 대한 부정적 스토리는 미래를 위협한다.
위협 3 : 주변환경을 의식하지 못하면 당신은 아무 길이나 가게 된다.
위협 4 : 미래의 나와 단절되게 되면 근시안적인 결정을 내리게 된다.
위협 5 : 경기장에 들어가지 않으면 당연히 패배다.

〈소감〉 2024년 퓨처셀프를 생각하며 세웠던 계획에 대해, 아쉬움이 있지만 시간이 빨리 지났고 알차고 좋은 시간을 보냈다. 표현이 되서 속이 시원하다.

처음에 비폭력 어화와 퓨처셀프에 대하여 설명하셨는데, 알지 못하는 주제에 대하여 어리둥절했습니다.

그래서 계속 반복해서 듣게 되었습니다.

상여방*(종료) 의견을 들으면서 그 의견에 대해서 많은 갈등이 있었습니다. 의견을 잘 듣고 그 이야기에 어떤 구체적으로 들으면서 저의 입장을 표명했습니다. 서로 (종료)의 이야기를 잘 이해가 되는 부분도 있었지만 이해가 안되는 부분도 있었습니다. 이해되는 부분에 대하여 호응을 해주고 공감을 했습니다. 그래서 이해를 했고, 공감을 해주면서 잘 하라고 응원을 해주셨습니다. 그리고 잘 하라고 응원을 해주었습니다. 그래서 힘들고, 인동있던 부분(성장)이란 알 수 있었습니다. 공감을 해주어서 좋았습니다. 그리고 종료에 대한, 그리고 4에 대한 어려운 점이나. 갈등성찰을 해결하는데 조언을 주었습니다. 그래서 감사였습니다.

2024년 12월 12일

팬더는 밥을 많이 먹고 운동을 잘한다

팬더

사랑스런 팬더는 평범한 옷이 싫
고 개성을 잘 드러낼 수 있는 옷이
좋다. 먹는 게 너무 좋은데 먹고 나
면 살이 쪄서 몹시 곤란하다. 새벽에
일찍 일어나 운동하느라 수업시간에
꾸벅꾸벅 졸기도 하지만, 꼭 필요한
순간에 번쩍 깨어나 공감을 해준다.
배운대로! 정석대로! 아주 잘~

〈치킨사랑〉

1) 관찰 : 28일이 내 생일인데 성당 신부님이 치킨을 사주겠다고 한다.

2) 느낌 : 고맙고 좋고 신기하다.

3) 욕구 : 배려, 사랑, 관심, 편안함.

4) 감사 : (고마움) 신부님~ 생일에 치킨을 사주시니 배려받고 사랑받고 관심 가져 주시니 편안하고 고맙습니다.

〈고기사랑〉

1) 관찰 : 이모가 고기를 사주셨다. (시설식구들 모두에게)

2) 느낌 : 고마운, 뿌듯한, 행복한, 만족스러운, 상쾌한.

3) 욕구 : 사랑, 관심, 소속감, 애정.

4) 공감 : 일터식구들 모두 돌아가며 공감해 주었다.

〈소감〉 요즘 동생들한테 공감해 주는데 좀 더 연습하면서 동생들에게 해 줘야겠다.

〈간식〉

1) 관찰 : 엄마가 간식을 주셨는데 "너는 다이어트 해야 되니까 약과는 안 돼"라고 말했다.

2) 느낌 : 먹고 싶은 심정이라 신경쓰이는, 괴로운, 섭섭한.

3) 욕구 : 배려, 존중, 애정, 사랑.

4) 부탁 : 치타, 토끼, 매미, 딸기가 돌아가며 공감해 주었다.

〈소감〉 어제 있었던 일을 이야기하고, 공감해 주니까 좋았다.

〈계단운동〉

1) 관찰 : 엄마가 계단운동은 선물이라고 하셨다. (등산을 위해 매일 계단운동을 하는데 20번이 40번으로 늘었고 살은 좀 빠졌다)

2) 느낌 : 행복했어요, 속상했어요.

3) 욕구 : 자신감(살이 빠져서), 휴식과 편안함(40번으로 늘어 힘들었다)

4) 공감 : 딸기, 매미, 토끼, 치타가 공감해 주었다.

〈살살살〉

1) 관찰 : 엄마들이 '살쪘다, 살빼야 된다, 젊은 나이엔 잘 빠지는데 넌 왜 안빠지냐'고 했다.

2) 느낌 : 우울하고, 걱정되고, 불안하고, 당황스럽고, 민망하다.

3) 욕구 : 존중, 수용, 이해.

4) 부탁 : 엄마, 그런 말 보다 존중받고, 이해받고 싶으니까 다르게 말해 주세요.

〈산엄마〉

1) 관찰 : 새벽에 산엄마랑 우회도로 걷는 운동을 했다.

2) 느낌 : 좋고 상쾌하고 편안했다.

3) 욕구 : 사랑, 감사, 공감, 배려.

4) 부탁 : 산엄마, 새벽에 함께 운동해주니까 좋고 상쾌하고 편안해요. 사랑받는 거 같고 감사하고 공감받고 배려받았어요. 고맙습니다.

〈실수〉

1) 관찰 : 오피언니는 공부를 못한다는 말을 다른 사람에게 했는데 오피언

니가 알게 되었다. 언니가 울었다.

2) 느낌 : 후회되고 안타깝고 미안하고 속상하다. (언니가 복도에서 잘 때 그러지 말라고 했는데 내 말은 안 들었던 게 쌓였다)

3) 욕구 : 친밀감, 소통, 사이좋게 즐겁게 지내는 것.

4) 부탁 : 언니, 내가 어떻게 하면 마음이 풀리겠어? 언니가 사과받고 싶을 때, 이야기해 줄 때까지 기다릴게.

〈왕엄마〉

1) 관찰 : 왕엄마가 일터에 가게 허락하셨다.

2) 느낌 : 기쁘고, 편안했고, 감사했고, 행복했다.

3) 욕구 : 따뜻함이 충족되고, 배려받았다. 편안했다. 애정 관심이 느껴졌다.

4) 부탁 : 토끼, 장미, 매미, 딸기, 치타가 공감해 주었다.

〈소감〉 공감연습을 해서 좋았는데 엄마한테 진짜 이렇게 말하면 좋겠다. 동생들한테도 우울한 거 있다고 할 때, 배운 거를 한번 해 보면 좋겠다.

비폭력대화를 하면서 마음이 변해지고 마음이 좋아진다.
그리고 상쾌해 진다. 그리고 마음이 바뀌게 되게 신기한 거 같다.
감사일기를 하니 마음이 변해 좋기도 한다.
그리고 감사일기는 나에게 치유를 주는 마법의 책이다.
왜냐하면 감사일기 책을 읽으면서 쓰니까 되게 좋았다.
그리고 기쁜말과 짜감말을 구별하여 쓰고 싶다는 생각이 듭
니다.

2024년 12월 19일 목요일

장미는 예쁘다. 꽃은 장미다

장미

지구별에서 오직 혼자였는데 남편에게 먼저 프로포즈를 했다. 씩씩하게! 나랑 결혼하자고 딱!! 지금은 남편과 딸 하나 아들 하나 알콩달콩 키우고 있다. 수업 중 자주 사진을 보여주며 자랑한다. 육아에 남편이 더 많은 역할을 하고, 장미는 밖으로 나와 활동하길 좋아한다. 지구별에서 가정을 꾸린 장미가 오래오래 행복하길 바라고 남편의 오래된 두통이 씻은 듯이 낫기를~

〈기특한 딸〉

1) 관찰 : 3살 딸이 자기가 밥 먹은 그릇을 싱크대에 넣었다.

2) 느낌 : 고맙고 기쁘고 행복하다.

3) 욕구 : 도움과 사랑.

4) 부탁 : 3살 딸~ 앞으로도 밥 먹은 그릇 싱크대에 넣어줘. 고마워~

〈장난감 정리하는 딸〉

1) 관찰 : 딸이 놀다가 장난감을 통에 넣는다.

2) 느낌 : 좋고 기쁘고 기특하다.

3) 욕구 : 도움, 감사, 편안함.

4) 부탁 : 딸~ 장난감 통에 넣어주니까 엄마가 편안해. 고마워.

〈응가하는 딸〉

1) 관찰 : 딸이 혼자서 아기 변기통에 응가를 하고 쉬도 한다.

2) 느낌 : 고맙고, 홀가분하고, 기쁘고, 행복하고, 감동받는다.

3) 욕구 : 휴식, 감사, 보람, 편안함.

4) 부탁 : 딸~ 니가 혼자 알아서 응가하고 쉬하니까 엄마가 휴식할 수 있어서 고마워. 앞으로도 그래 줄래?

〈쓰레기 버리는 딸〉

1) 관찰 : 딸이 쓰레기를 혼자서 쓰레기통에 버린다.

2) 느낌 : 행복, 고마움, 사랑스러움, 기쁨.

3) 욕구 : 사랑, 감사, 안정성, 희망.

4) 부탁 : 니가 쓰레기를 알아서 통에 버리니 엄마 행복하고 기뻐. 고맙고

사랑스럽고 희망이 생겨. 앞으로도 계속 그래줘~

〈고마운 신랑〉

1) 관찰 : 신랑이 아이들 기저귀랑 분유를 혼자서 사서 무거운데 집까지 가져온다.

2) 느낌 : 기쁘고 사랑스럽고 활기차고 만족스럽고 행복하다.

3) 욕구 : 도움, 사랑, 감사, 존중, 배려.

4) 감사 : 자기야, (관찰-느낌 반복) 정말 고마워!!!

〈유일한 갈등〉

1) 관찰 : 매미의 말이 길고 말이 많고 말이 똑같다.

2) 느낌 : 짜증, 화, 불편, 답답함, 맥빠진, 불만.

3) 욕구 : 평등(골고루 말하기), 배려, 상호성, 안심.

4) 부탁 : 치타, 딸기, 토끼가 공감해 주었다.

· 장미가 부드러운 미소로 매미에게 말을 거는 날이 올까? 기대해 본다. 그리고 한글이 무르익어 소감을 쓸 수 있게 되길~

정신병원 퇴소 후 잠시 함께 했던 친구

소녀

일터식구 모두가 진심으로 공감해주고 소녀, 기억으로 언제든 웃으며 돌아와 주길 바란다.

〈자살충동〉

1) 과거의 후회스러운 자신의 말과 행동을 떠올림.

   엄마, 아빠한테 죽는다 말하고 자해하는 행동을 했다.

2) 그 행동을 할 때의 느낌

   걱정되는, 불안한, 불편한.

3) 2번의 느낌 아래에 숨겨진 욕구

   사랑, 존중, 공감.

4) 앞으로 3번의 욕구를 잘 충족하기 위한 부탁을 자신에게 하기

   일터 친구들이 하나씩 방법을 알려주었다.

   ① 엄마 아빠에게 사랑한다고 말하기.

   ② 친구, 아는 사람, 샘을 만나서 대화하기.

   ③ 자신을 쓰담쓰담하고 이겨내기.

④ 자신의 장점을 찾고 자신감을 높이기.

⑤ 취미생활(노래를 부른다).

⑥ 자기를 안아주고 공감해 준다.

· 이 방법들 중 소녀가 할 수 있겠다고 고른 것은 ①, ②, ⑤번이었다.

조심할 것은 우울한 노래 아니고 신나는 노래!!

〈소감〉 이 방법대로 잘하면은 자해를 안 할 수 있을 것 같고, 그리고 사람들과 소통하면서 이겨내야 할 것 같아요.

〈예의 없는 남자들〉

1) 관찰: 방송하는데 나이 많은 남자들이 들어와서 씨발, 병신, 죽어라 욕을 했다.

2) 느낌: 화나고 억울하고 우울했다.

3) 욕구: 존중과 사랑과 자기보호가 필요하다.

4) 욕구명상: (욕구를 인식하고 그 욕구의 아름다운 에너지와 연결) 좋은 느낌이다.

6. 부탁: 나에게) 소녀야, 좋은 말만 담아두자. 어때?

〈소감〉 좋은 말만 담아야겠다고 생각했다.

자기연구 함께 했던
일터 식구들

남편과 나와 강아지 이름 하나씩 따서 지은 별칭

양송화

양송화는 출소한 남편과 다른 지역으로 이사를 가서 2023년부터는 단톡방으로 소통하고 있다. 비폭력 대화 책을 열심히 보고 질문도 한다. 일터의 온라인 맴버이다.

양송화가 수업내용을 오피에게 설명해 주는 모습은 헬랜컬러가 대학교 수업 중 손바닥에 강의 내용을 속기로 써 주었던 앤 설리번의 모습을 떠오르게 했다. 양송화 덕분에 오피는 수업을 녹음하고 양송화의 필기를 가져가 복습을 할 수 있었다. 그 고마움이 오래 여운으로 남는다.

양송화의 연구주제는 아버지와 삼촌들 사이가 좋았으면 좋겠고, 돈을 더 많이 벌어서 지금보다 더 좋은 집으로 이사를 가고 싶고, 겁이 많고 거절을 못하는 습관을 고치고 싶다.

1) 아버지와 삼촌들 사이가 좋았으면 한다.
세상에는 세 가지 일이 있는데, 하나는 자신의 일, 둘째는 남의 일, 셋째는 신의 일이다. 아버지와 그의 동생들이 사이좋게 지내는 것은 그들의 일이다. 양송화가 신경 써서 될 일이 아니다.
· 그들이 양송화에게 부당한 것을 요구하거나 스트레스를 준다면 그것은 '나의 일'이 되고, 해결하기 위해 고민해봐야 한다. 그러나 멀리서 살고 있는 그들의 사이좋음까지 매일 신경쓰는 것은 에너지 낭비이다라고 지혜를 나누었다.

2) 돈을 더 벌어 좋은 집으로 이사 가고 싶다. 우울하다.
지금 여기, 현재 있는 것을 소중히 해야 한다. 다른 벗들에게는 없는 월 5만원만 내면 되는 집이 있다. 더 욕심을 내는 것을 지금으로서 현명하지 않다. 나에게 주어진 공간을 소중히 여겨야, 혼자 있어도 그 공간에서 행복하고 우울하지 않을 수 있다는 지혜를 나누었다.
· 양송화가 집 사진을 보여줬는데 아주 깔끔하게 정리가 잘 되어 있어 치타와 개나리가 부러워했다. 이야기 나눈 끝에 집에 대한 생각을 정리해 보았다.

(1) 나는 이제 내 집이 소중하다고 생각하고 있다.
(2) 집에 들어가면 따뜻하고 잠을 잘 수 있어 이제는 집이 좋다.
(3) 내 일과 내가 모아놓은 돈에 대해서 만족한다.

(4) 집에서는 공부도 하고 노래도 듣고 운동도 하고 청소도 하면서 보낸다.
(5) 다른 사람의 돈과 일에 대해서 비교하지 않을 것이다.

3) '겁이 많다'와 '거절을 잘못한다'에 대해,

거절을 못하는 것과 겁이 많은 것은 연결되어 있다. 자신에 대한 충분한 만족감(자존감)이 약할 때 거절을 못하게 되고, 겁도 더 날 수 있다는 지혜를 나누고, 거절을 못하는 이유를 찾아 보았다.

(1) 다른 사람이 나를 좋은 사람으로 안 볼까봐.
(2) 그 사람의 마음이 상할까봐.
(3) 그 사람과 사이가 나빠질까봐.
 · 다른 사람이 좋은 사람으로 안 보면 나쁜 사람이라고 생각하는데, 다른 사람의 판단에 따라 자신이 바뀌지는 않는다. 거절해도 괜찮은 사이, 거절해도 나쁜 사람은 아니야 할 수 있는 사이에 대한 지혜를 나누었다.
 · 거절을 할 때 "내가 오늘은 컨디션이 안 좋아서 다른 사람과 가면 좋겠어. 오늘은 갈 수 없어 다음에 같이 갈게"등 단호하고 솔직하게 말해 보기로 했다. 관계는 솔직함이 최선이라는 것, 자신과 친해지고 자신을 잘 알아야 거절도 잘할 수 있다는 것을 알고 자신의 장점을 찾아보았다.

(1) 잘 웃는다.
(2) 집이 항상 깨끗하다.
(3) 배려를 잘한다.
(4) 상대방을 이해한다(화를 안낸다).
(5) 필요 없는 물건을 잘 안 산다.

(6) 옷정리를 잘한다(집안 청소도).

(7) 아버지와 동생한테 자주 안부전화를 한다.

(8) 공부를 잘한다.

(9) 눈물을 잘 흘린다.

(10) 운동을 잘한다.

저는언니들과동생들과
선생님께서랑제일
첫수업을시작하면서
선생님말씀도듣고
또노트에다가필기도하고
언니 · 동생들과
대화도나누고힘들고
고민거리도나누거
책으로도수업도하고
프린트로도뽑아서
프라트로도수업한거
카드도만들어서카드로도공부하고
수업시간에선생님께서
친찬스티커도붙쳐주시고

기린인형하고자칼인형
으로도수업도하고
당일로해서나들이도갔다오고
커피도마시고
도서관에서책으로수업도듣고
수업끝나고점심도도다같이
먹고
청주에서있으면서그동안에
선생님께서랑수업했던
모든시간들이즐겁고행복하고
좋은추억들이였습니다.
애니어그램수업도너무나
최고로좋아습니다.

아는 오빠가 나에게 붙여준 별명인데
뜻은 잊었고 그냥 좋다

오피

오피는 비폭력대화의 느낌 욕구 카드를 정성껏 만들었고, 수업내용을 집에 가서 듣겠다고 녹음하고, 폰으로 말하면 글자로 바꿔주는 기능을 이용했다. 오피는 수업 중 자주 졸았지만 핵심내용을 잘 이해했다. 전체 내용과 앞으로 하려는 것을 잘 알고 흥미를 보였다. 충실하게 수업자료를 모아서 오피의 노트를 보면 3년 동안 진행한 전체 내용을 파악할 수 있다.

오피의 자기연구 주제는 시설에서 식사할 때 접시만 보고 밥 먹는 버릇을 고치고 싶고, 독립하고 싶다,

시설에 오기 전과 비교하면, 한글을 알아가고, 여러 가지 배우고 있어서 예전에 비해 자기가치가 높아졌다고 한다. 하고 싶은 건 돈 벌기, 다이어트 해서 몸 51킬로그램 만들기, 여행 가고 싶은 곳은 산, 더 공부하고 싶은 것은 성교육, 여자의 성에 대해 더 알고 싶다.

1) 시설에서 식사할 때 접시만 보고 밥 먹는 버릇을 고치고 싶다.

식사 시간에 자신이 어떻게 하고 있는지 알아차리기, 어떻게 달라지고 있는지 자신을 관찰하기를 하면서 조금씩 달라졌다.

· 오피가 생각하기에 자기연구의 성과는 중간이다. 시설의 아이들과 밥 먹을 때는 가끔 얼굴을 들기도 하는데, 엄마들/이모들(선생님들)과 식사할 때는 아직 잘 안된다고 했다.

2) 독립하고 싶다.

원하는 것을 위해 노력할 필요가 있다는 것에 대해 이야기했다. 시설에서 엄마들, 이모들이 내보내도 되겠구나 안심할 수 있게, 어떻게 해야될지를 고민해 보았다.

· 오피는 시설과 일터가 너무 가까운 것도 불만이었다. 버스를 타고 멀리 가보고 싶고 시내를 통과해서 구경하며 퇴근을 하고 싶다고 했다. 자기연구에 지킬 점을 세 가지 찾았다.

(1) 비교 : 비교는 하지 않는다. 비교는 '어제의 나'하고만 한다.
(2) 만족 : 지금 여기 나에게 있는 것을 소중히 한다.

(3) 협상 : 원하는 것을 얻기 위해 노력한다.
· 오피는 세 가지를 노트에 정성껏 써 놓았다.

· 오피가 자기연구 중 가장 감동받은 것은 [해피나우]의 저자 루이스 헤이의 인생사를 듣고서였다. 그녀의 인생을 한 자 한 자 노트에 필기했다.
'부모의 이혼, 가난, 가정폭력, 이웃집 아저씨의 성학대, 15세에 가출, 16세에 미혼모, 고등학교 중퇴, 남편의 외도, 이혼, 자궁암에 걸리는 파란만장한 인생'
오피는 진심으로 루이스 헤이가 건강하고 행복하길 기도했다.
· 루이스 헤이가 엄청난 아픔과 고난을 축복으로 전환시킨 비결 중 하나는 '말'이었다. 말에는 혼이 있고, 말은 자기 영혼을 가장 잘 드러내는 것이다. 말은 인간의 가장 강력한 도구이고, 신성하고, 진정한 마법이다. 마음이 풍요로워지는 말을 하면 언령의 힘으로 그렇게 된다는 설명을 집중해서 듣고 좋아했다.
〈소감〉 가장 행복했을 때는 뛰어놀 때였다. 마음에 대해 몰랐던 것을 깨달았다.

〈자기공감〉
1) 과거의 후회스러운 자신의 말과 행동을 떠올림.
   임신해서 출산하고 아이를 입양 보내고 시설에 들어온 것.
2) 그 행동을 할 때의 느낌
   후회, 서운한, 걱정.
3) 2번의 느낌(후회, 서운한, 걱정되는) 아래에 숨겨진 욕구.
4) 앞으로 3번(돌봄받음과 사랑)의 욕구를 잘 충족하기 위한 부탁을 자신

에게 하기
  1) 엄마에게) 엄마 나 엄마의 돌봄이 필요해.
  2) 믿음의 하늘!! 나에게는 인생의 문제를 해결할 능력이 있다. 용기를 내서 자유롭게 살자.
〈소감〉 좋았다. 마음에 대해 몰랐던 것을 깨닫게 되었다. 마음이 말로 드러난다는 것을 알았다.
· 이 프로세스를 진행하는 동안 치타로부터 방해를 많이 받았다. 자신이라면 아이를 미혼모가 되어서 키울꺼라고 주장했다. 오피가 아파할 소리를 해서 조금 얄미웠다. (리산의 내면에서 자칼이 요동을 쳤다. 그것을 자칼인형으로 표현하니 치타 외 다른 일터식구들이 이해해주었다).

〈일터에서 갈등〉
1) 관찰 : 회사(일터 일터)와서 휴대폰 하고 있을 때 치타가 궁뎅이를 툭 쳤다.
2) 느낌 : 기분이 안좋았다, 부끄럽고 짜증이 났다.
3) 욕구(나의 바램) : 평화를 원하기 때문에.
4) 부탁 : 말로 했으면 좋겠고 내가 싫어하는 데(궁뎅이) 안건드렸음 좋겠어.
· 이 사례를 하는 동안 감정선이 격해졌다. 치타가 여러 번 "넌 이제 탈락이야. 내가 언제 그랬어? 기억이 안나! 니가 그때 말로 하지 소리를 질렀잖아!!" 등등의 말을 하며 자칼인형을 손에서 놓지 않았다.
· 두 사람 다 목표(일터에서 잘 지내는 것)는 같은데 방식이 달랐을 뿐이므로 서로 존중하는 방식을 찾으면 된다, 상대방의 몸을 갑자기 치는 것은 욕구를 표현하는 비극적 표현!! 그래서 비폭력대화를 배우는 중이라고 알려주

었다.

· 지금은 일터보다 길게 일하고 월급을 많이 받는 곳으로 출근한다. 자립하고 싶은 오피의 꿈에 한걸음 다가섰다. 축하~

〈오피가 만든 느낌과 욕구카드〉

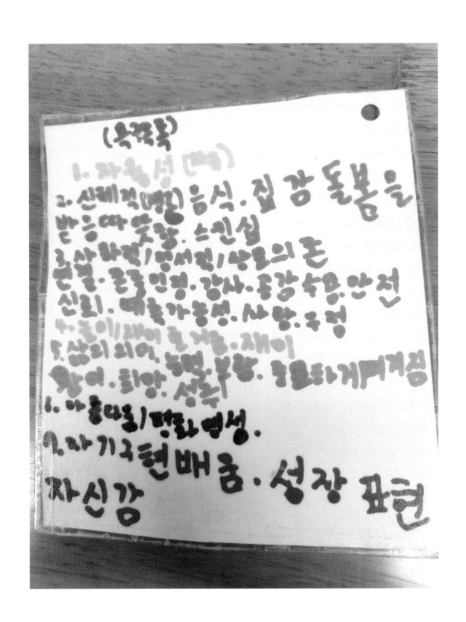

가을에는 단풍도 있고 나들이도 가서 좋다

가을

아들이 세 살 때 남편이 사라졌다. 아들과 둘이 살다가 지금은 아들이 시설에서 지내고 2주마다 엄마를 보러 온다. '따로 또 같이' 살고있는 지금이 나쁘지 않다고 한다. 가을은 장애인 동료상담가로 자리를 잡았고, 넉넉한 품으로 내담자들의 이야기를 듣고 수용하고 공감한다. 동료상담사로서 자부심도 뿜뿜이다. 무럭무럭 성장해 나가시길~

〈비폭력대화 프로세스를 익히기 전 사례〉

비폭력대화 수업이 매주 목요일 11시에 시작되는데 교육장에 아무도 오지 않아서 일터에 내려가 보았다. 왜 올라오지 않았는지 묻는 질문에 대해

가을: 내가 그랬지. 50분에 (교육장에) 가자고. 말 드럽게 안들어!
오피: 두부 포장하느라 바빴어.

1) "내가 그랬지. 50분에 (교육장에) 가자고. 말 드럽게 안들어"
   이 말이 기린말이 아니라 자칼말이라는 것을 확인함. 강요로 들린다.
   "말 드럽게 안들어" -〉 비난이 들어 있다.
· 비폭력 대화로 바꾸면,
   "리산샘이 혹시 2층에 오셨나 궁금해. 가서 확인해 보면 좋겠어."

2) 오피의 "두부 포장하느라 바빴어."
· 이 말은 자신을 설명하는 말이어서 괜찮은 것으로^^

3) 욕구와 느낌에 대해 이야기 나눔.
· 욕구는 희망하고 바라는 것이다.
· 느낌은 좋은느낌과 싫은(나쁜)느낌으로 나눌 수 있는데 욕구가 충족되면 좋은느낌, 욕구가 충족되지 않으면 불편한 느낌이 올라온다.
· 불편한 느낌이 들 때 자신을 잘 살펴서 어떤 욕구(바람, 기대)가 있어서인지를 알아야 한다.
· 욕구와 느낌카드를 사용해 보았다.
〈소감〉좋은 느낌과 싫은 느낌 중 어떤 느낌이 드는지 생각해 봐야겠다.

〈옥수수밭 알바〉

1) 과거의 후회스러운 자신의 말과 행동을 떠올림.

옥수수밭에서 알바 하는데 동네 아주마가 "개 엄마한테 혼나, 일시키지 마"라는 말을 했다.

2) 그 행동을 할 때의 느낌

짜증나고, 불안하고, 슬프고, 서운하고, 우울했다.

3) 2번의 느낌 아래에 숨겨진 욕구

인정, 우정(우정은 그 아줌마 아들과 친구이다.. 아줌마와 싸우는데 아들이 우리 엄마한테 왜 욕하냐고 중간에 끼어들어서 사이가 나빠졌다).

다시 찾은 욕구 : 인정(돈 벌고 싶고, 마음이 편안하고 싶다).

4) 앞으로 3번의 욕구를 잘 충족하기 위한 부탁하기

아줌마, 그냥 저 일하는 거 좋게 봐 주실래요?

〈소감〉 조금 기분이 안 좋다. (후회스럽기도 하다고 조금 눈물을 흘렸다).

· 아줌마에게 욕하고, 탁자를 발로 차고, 옥수수를 던지려고 했던 행동은 폭력적인 행동이고, 그런 행동을 계속하는 한 원하고 희망하는 것을 얻기 어려울 것이라는 지혜를 나누었다.

〈아줌마라 부르지마〉

1) 관찰 : 치타가 나를 아줌마라고 부른다.

2) 느낌 : 화나고 짜증나고 귀찮다.

3) 욕구 : 소통을 잘하고 싶고, 존중해 주면 좋겠고, 우정이 중요하다. 나를 보호하고 싶다.

4) 부탁 : 치타야~ 앞으로 언니라고 불러줄래?

〈자기공감〉

1) 과거의 후회스러운 자신의 말과 행동을 떠올림.

**씨 아저씨와 동거할 때, 배신한 것이 후회된다. (아는 오빠와 호프집에 감)

2) 그 행동을 할 때의 느낌

괴로운, 슬픈, 서운한.

3) 2번의 괴로운, 슬픈, 서운한 느낌 아래에 숨겨진 욕구

연결, 우정, 사랑.

· 가을 덕분에 모두와 좋은 섹스와 나쁜 섹스에 대해서 이야기를 나눌 수 있었다.

〈아이엠 비너스〉 다큐를 감상하고 이야기 나눔.

· 바다의 물거품 속에서 태어난 사랑과 미를 관장하는 여신. 가부장제 아래 남신의 지배를 받은 여신들 중 유일하게 자신의 선택으로 성을 향유한 비너스. 성은 생명의 원천이고, 다른 생명체와 영적으로 연결하고, 신뢰와 믿음을 쌓는 도구라는 것.

해부학 책에서 클리토리스가 삭제된 역사에 대해 설명하고, 자신의 클리토리스를 그려보았다.

· 좋은 섹스란,

내가 좋아하는 사람과 나를 좋아하는 사람과 하는 것

서로 좋다고 할 때 하는 것

안전하고 깨끗한 곳에서 피임하고 하는 것

상대방을 존중하는 것

· 나쁜 섹스란,

  모르는 남자와 인터넷 채팅으로 만나서 하는 것

  콘돔 없이 하는 것

  깨끗하고 안전하지 않은 장소에서 하는 것(화장실, 공원 등)

· 생리통을 대하는 바른 마음,

  생리는 달이 차고 기우는 것처럼 자연스러운 순환을 알려주는 신호이다. 차가운 곳에 앉거나, 꽉 끼는 속옷(거들)과 바지를 입고, 쇠로 된 허리띠를 차면, 배가 조이고, 차가워져서, 자궁이 3일 된 인절미처럼 딱딱해진다. 생리가 시작되면 "또 와줘서 고마워", "내 몸이 우주의 흐름을 잘 타고 있어", "일주일 잘 지내보자" 등 긍정확언을 해보기로 했다.

사소한것도 솔직하게 이야기하기
진짜가 사랑하는 사람을 만난다
나를 사랑해주는 사람 동료들과 잘 지낸다
나쁜 남자를 정리하는데 도움이되었다

옥수수 밭에서 알바하는데 동네 아주마가 개념마한테
혼나 일시키지마 라는 말을 했다
짜증나는 불안한 슬픈 서운한우울 해다
아줌마아들이우리 엄마한 대왜 욕하냐고 중간에끼어들어서
사이가나 빠졌다

나는 인정와 우정이중요했다
아줌마에게 그냥저 일하는 거 좋게 봐주실래요 부탁하고싶다
아줌마에게 욕하고 탁자를 발로차고 옥수수를 던지려고 했던 행동은
반성한다
영미가나를 아줌마라고 부른다
화나고 짜증나고 귀찮았다
존중 해주면 좋겠고 우정이 중요하다 나를 보호하고싶다
영미이라 앞으로 언니라고 불러줄래
2024년 나의 퓨처셀프
동료 상담가 (잘 듣기 연습)
돈 모으기 (1월 20만원 모으기)
　　남자 조범기 (술집에서 남자　만나지 않기

　　　　　　　　　　　　2024년 12월 19일

봄이 좋아서, 덥지도 춥지도 않은 날씨라 개나리이다

개나리

스무 살에 입양된 사실을 알고 가열차게 방황을 했다. 방황의 끝에 친구들은 직장도 좋고 잘나가는데 자신은 그렇지 못한 것 같다며 오랫동안 우울도 했다. 지금은 장애인 동료 상담자로 인정받고 있고, 큰 숙제였던 거친 말이 많이 동글동글 해졌다. 특히 무시와 조롱의 대상이었던 벗에게 '잘 지내보자'는 말을 먼저 건낼만큼 성장했다.

개나리의 연구주제는 화나고 짜증날 때 툭 내뱉는 말투와 장애등록을 할까 말까 하는 고민, 큰토끼와의 좁혀지지 않는 갈등이다.

1) 화나고 짜증날 때 툭 내뱉는 말투에 대해 MBTI 검사를 해보았고 ISFP로 나와 단점을 장점으로 바꾸는 작업을 했다.
1) 다혈질이다. -> 무엇이든 할 수 있는 열정이 있다.
2) 잘 삐진다. -> 감정을 잘 느낀다.
3) 집중을 잘못한다. -> !
4) 감정기복이 심하다. -> !
5) 내성적이다. -> 자신을 잘 관찰할 수 있다.

· ③집중을 잘 못한다 ④감정기복이 심하다는 장점으로 바로 전환하기는 탐색이 필요해서 그냥 두었다. (지금이라면 여러 가지에 호기심이 있다, 역동적이다 등으로 더 이야기를 나누었을 것 같다.)

· 이 중 가장 불편한 생각은? '다혈질인 생각이 제일 불편합니다' 라고 했다. 다혈질은 자극에 민감하고, 흥분하고, 성급하고 인내력이 부족한 것이라는 특성을 함께 찾아보고,
· '다혈질이다' 를 '열정이 있다' 는 장점으로 바꾸었다.
· 욕심과 화는 친한 관계라고 설명하고, 누군가 개나리의 말을 한 번에 알아듣지 못하거나, 원하는 대로 움직여 주지 않을 때, 급해지고 공격적이 된다는 것을 알게 되었다. 이런 지혜를 나눈 후 개나리는 노트에 '욕심은 화를 부른다. 화는 나를 잡아먹는다' 라고 썼다.

2) 장애등록에 대해

자신이 '정상'이 아니라는 것에 대해 받아들이기 어려워했다.

· 장애와 비장애를 정상과 비정상으로 구분 짓는 것은 바람직하지 않다는 것, 장애등록은 장애가 있는 사람에게 필요한 지원을 잘 할 수 있게 하기 위함이라고 설명했다.

여러 차례 이야기를 나눈 후, 다른 사람들에게 사기당하지 않을 안전장치가 될 수도 있고, 일터에 마음껏 드나들 수 있는 프리패스카드가 생기게 되는 것이기도 하니 좋은 일이기도 하다고 했다.

주민센터의 사회복지사와 연결해 주었는데, 복지사와 통화하면서 장애인이 안심하고 편안하게 지낼 수 있게 도와주는 장치라는 말을 듣고 안심했다.

그리고 치타와 양송화에게 장애등록이 처음 나왔을 때 심경이 어땠는지 들어보았다. 둘 다 심란했었고 고민스럽고 슬펐다고 했다. 어떻게 생각이 바뀌었나? 물어보니, (상담소 샘들로부터) 위로를 많이 받았고, 좋은 일일 수도 있다고 생각하면서 회복되었는데 시간은 둘 다 2년이 걸린 것 같다고 했다.

양송화 치타와 개나리 셋이 2년보다는 덜 걸리게 해 보자고 웃었다.

3) 큰토끼와의 갈등

일터에서 가장 힘들어 하는 관계가 큰토끼였다. 큰토끼는 언어장애가 있고, 한글을 모르고, 그래서 소통이 어려우니 몸을 쓴다. 등치가 좋아서 살짝 건드는데 아프게 느껴지기도 한다. 한 번 이야기해서 바로 알아듣고 다르게 하기 어려우니 번번히 큰소리가 났다.

일터에서 큰토끼와 자꾸 부딪치는 상황을 덜 만들기 위한 대안을 열심히 생각하다가 개나리는 노트에 이렇게 적었다.

'큰토끼와의 싸움은 나에게 손해다. 손해 보는 짓을 하지 말자'

개나리의 자존감을 단단하게 하는 장점을 찾아보았다.

(1) 잘 웃는다.

(2) 아기를 좋아한다.

(3) 한글을 안다.

(4) 씩씩하다.

(5) 마음이 여리다.

(6) 화가 금방 풀린다.

(7) 부모님을 좋아한다.

(8) 애교가 많다.

(9) 사람들이랑 금방 친해진다.

(10) 피아노를 잘 친다.

4) '집중하지 못하는 것'과 '감정기복이 심한 것'에 대해서는 앞으로 연구주제로 다뤄보기로 했는데 일터를 떠나 동료상담가로 취업을 하게 되었다.

〈자칼 엄마〉

1) 관찰 : 내가 말하면 엄마가 "변명이 심하다" "한마디 하면 열 마디 한다"라고 하신다.

2) 느낌 : 화나고, 짜증나고, 혼란스럽고, 맥빠지고, 지겹고, 막막하고, 뒤숭숭하고, 속상하고, 비참하다.

3) 욕구 : 사랑받고, 인정받고, 배려가 필요하다.

4) 부탁 : 엄마, 저를 사랑으로 좀 대해 주세요!

〈소감〉 엄마 얘기할 때마다 조금씩 풀리는 거 같다. (엄마가 점점 자칼에서 기린으로 변할 때까지 계속하기로 했다).

· 입양해서 성인이 될 때까지 살아준 엄마가 감사한데, 조금 더 다정하면 좋겠다는 바램이 꼭 이뤄지길~

비폭력 프로그램을 다음에 같이 다녔던 식구들과 듣게 되었다.
처음에는 "비폭력 대화" 라는 것이 무슨 뜻인지 몰랐고 공부하는
기분이 들어서 굉장히 듣기 싫고 어렵게만 느껴졌다.
그러다 나의 감정을 스스로 말로 표현하는 것이 너무나 어려웠다.
나는 평소 대화를 할 때 마음에 들지 않는 등의 갈등상황이 되면
큰소리로 화를 먼저 냈는데 비폭력 대화 방법을 배우고 나서
이부분이 많이 개선되고 있음을 느꼈다.

또한 부정적인   생각을 긍정적으로 볼수있는 자세도 갖추게 되었다.
이처럼 비폭력대화는 처음 느낌 낯설고 어려웠던 것으로 부터,
내일 일상의 많은 것을 좋게 변화 시켜주는 마개체가 되었다.

            내년에 다시 비폭력을 하게 되면 열심히
               들어서 자랄말 넣다 기린말을 더   써야
    겠다고 생각이 든다.

                                    2024. 12. 19

〈일터를 운영하는 샘들의 장점을 찾았다〉

지안샘

잘 대해 주신다. 걱정 있을 때 물어보면 대답을 잘 해 주신다. 지각할 때 혼내지 않고 이해를 잘해 주신다. 정말 감사하다. 잘 도와준다. 잘 챙겨준다(밥 먹으라고). 개인사정으로 못 나올 때 이해해 주고 칭찬도 많이 해 주고 챙겨 주신다. 배달을 잘 하신다. 멋지시다. 마음이 곱다. 수행도 열심히 하신다.

창순샘

말을 잘 들어 주신다. 마음이 따뜻하고 밥을 잘 챙겨 주신다. 요리를 잘해 주신다. 잘 챙겨준다. 간식을 잘 챙겨주고 먹을 꺼 많이 주고 격려도 해 주신다. 한글 배울 때 잘 가르쳐 주셨다(잘보고 써라~고). 웃는 모습이 이쁘시다. 요리 솜씨가 짱!!! 일터에 잘 어울리신다(식구들과 잘 지내신다).

일터 파트너 리산

수업시간에 잘 가르쳐 주신다. 배려심이 많다. 어려울 때 옆에서 도와준다. 수업을 해 준다. 한글을 읽는데 도움이 된다. 수업으로 모르는 거 배워서 좋다. 필요한 것이 있으면 어디선가 가져와 챙겨주고 메시지도 따로 보내준다. 수업을 잘 가르쳐 준다.

수지 조현순 선생님

상처많은 소녀들의 존엄 성장 당당을 위해 수지에니어그램을 만들고, 한국 비영리조직이 성공하길 바라는 염원으로 ceo project 개발하셨다. 약한 사람들에게 한없이 자비로운 마음으로 〈우리들 이야기_서로에게 빛〉 책이 만들어지는데 도움을 주셨다.

우리들 이야기_서로에게 빛

발 행 일   2025년 02월 28일

지 은 이   국화, 치타, 딸기, 큰토끼, 매미, 토끼, 팬더, 장미,
          양송화, 오피, 개나리, 가을

발 행 처   카퍼칼리지
주   소   경남 산청군 시천면 지리산대로 1090

기 획 편 집   온갖문제연구실(리산은숙)
주   소   충북 청주시 서원구 쌍샘로 81 모충주공
연 락 처   010-9597-6412

펴 낸 곳   도서출판 곰단지
주   소   경상남도 진주시 동부로 169번길 12, A동 1007호
연 락 처   070-7677-1622

I S B N   979-11-94688-01-3   03100

※이 책에 담긴 글과 사진은 작가에게 저작권이 있으므로 관련 내용 및 자료의
   일부 혹은 전부를 무단으로 사용하거나 복제할 수 없습니다.